BEI GRIN MACHT SICH IHR
WISSEN BEZAHLT

- Wir veröffentlichen Ihre Hausarbeit,
  Bachelor- und Masterarbeit

- Ihr eigenes eBook und Buch -
  weltweit in allen wichtigen Shops

- Verdienen Sie an jedem Verkauf

Jetzt bei www.GRIN.com hochladen
und kostenlos publizieren

GRIN

Andrea Beckert

Das Heiratsritual – ein altes Ritual mit neuer Bedeutung

GRIN Verlag

Bibliografische Information der Deutschen Nationalbibliothek:

Die Deutsche Bibliothek verzeichnet diese Publikation in der Deutschen National-
bibliografie; detaillierte bibliografische Daten sind im Internet über http://dnb.d-
nb.de/ abrufbar.

Impressum:

Copyright © 2012 GRIN Verlag GmbH
Druck und Bindung: Books on Demand GmbH, Norderstedt Germany
ISBN: 978-3-656-53423-5

Dieses Buch bei GRIN:

http://www.grin.com/de/e-book/207619/das-heiratsritual-ein-altes-ritual-mit-neuer-
bedeutung

GRIN - Your knowledge has value

Der GRIN Verlag publiziert seit 1998 wissenschaftliche Arbeiten von Studenten, Hochschullehrern und anderen Akademikern als eBook und gedrucktes Buch. Die Verlagswebsite www.grin.com ist die ideale Plattform zur Veröffentlichung von Hausarbeiten, Abschlussarbeiten, wissenschaftlichen Aufsätzen, Dissertationen und Fachbüchern.

Besuchen Sie uns im Internet:

http://www.grin.com/

http://www.facebook.com/grincom

http://www.twitter.com/grin_com

Andrea Beckert

Studiengang: Bachelor Soziologie, 5. Semester

Seminar: „Rituale gestern und heute"

WS 2011/2012

Modul: „Soziologische Theorie"

Essay zum Seminar „Rituale gestern und heute"

Das Heiratsritual
– ein altes Ritual mit neuer Bedeutung

Das Heiratsritual – ein altes Ritual mit neuer Bedeutung

Obwohl das partnerschaftliche Zusammenleben heutzutage nicht mehr notwendigerweise in einer Ehe mündet und sich immer mehr Paare für eine nichteheliche Lebensgemeinschaft entscheiden, ist es dennoch für viele Menschen wichtig, die Zusammengehörigkeit zu dem eigenen Partner mit dem Bund der Ehe zu besiegeln. Noch immer finden jährlich etwa 350.000 Eheschließungen statt (vgl. Statistisches Bundesamt, 2010), was zeigt, dass das Interesse am Heiraten nach wie vor groß ist. Meist wird der „schönste Tag des Lebens", wie der Tag des Heiratens im Volksmund oft bezeichnet wird, feierlich und festlich gestaltet. Nicht nur der Gang zum Standesamt beziehungsweise zum Altar wird zelebriert, auch die Eheschließung an sich und die anschließenden Feierlichkeiten beinhalten zahlreiche Riten. Diese sind, wie es auch für andere Rituale üblich ist, traditionell überliefert.

Das Heiraten gehörte bis in die 1970er Jahre in der modernen westlichen Kultur zur Standartbiographie eines Menschen. Verbesserte Bildungs- und Erwerbschancen für Frauen und eine damit verbundene ökonomisch bessere Stellung sowie ein neues Rollenverständnis der Frau führten dazu, dass ein neues Leitbild der Partnerschaft entstand, welches die Gleichberechtigung beider Partner betont und auf Aushandlungsprozessen innerhalb der Beziehung basiert (vgl. Schmidt/Moritz, 2009, S.91f.). Vor allem in den westlichen Industrieländern hat sich die Qualität der Ehe im letzten Jahrhundert verändert und die Heiratsneigung ist zurückgegangen (vgl. Lenz, 2009, S.17). Es ist zu berücksichtigen, dass es bis ins 19. Jahrhundert eine Heiratsbeschränkung gab, die finanziell schlechter gestellten Personengruppen eine Heirat rechtlich untersagte. Die folgenden Ausführungen werden sich daher ausschließlich auf die westlichen Industriestaaten und die bürgerliche Ehe beziehen und andere Kulturen und Gesellschaftsschichten außer Acht gelassen lassen.

Obwohl das Heiraten ein altertümliches Ritual ist, das lange zurückreicht, kann man anhand eines Vergleichs heutiger und bürgerlicher Hochzeiten gut erkennen, dass das Heiratsritual und dessen Symboliken in der damaligen Zeit auf der Untergeordnetheit der Frau gegenüber dem Mann sowie der Dominanz des Mannes basierten, während die Symbole heute eher auf Liebe und Partnerschaftlichkeit beruhen. Trotzdem ist das Heiratsritual sowohl für das Paar als auch für die Angehörigen weiterhin von großer Bedeutung.

Ein neuer Anspruch an die Ehe, die nicht mehr notwendigerweise zur Normalbiographie eines Menschen gehört, sondern zu einer möglichen Option im Leben geworden ist, schlägt sich auch in der Art und Weise des Vollzugs des Heiratsrituals nieder. Mit Blick auf die Veränderungen innerhalb der persönlichen Beziehung in der Ehe lohnt es sich deshalb, die einzelnen Riten des Heiratsrituals genauer zu untersuchen. Es ist festzustellen, dass das Heiraten in der modernen westlichen Kultur in den letzten Jahrzehnten einem Bedeutungswandel unterlag und dies zu einer Veränderung der Bedeutung und Ausübung der Hochzeitsriten führte. Dies soll im Folgenden näher beleuchtet werden.

Durch den außeralltäglichen Charakter, der meist langwierigen Vorbereitungsphase und der festen Abfolge am Hochzeitstag ist die Eheschließung als ein Ritual zu betrachten, durch das das Ehepaar eine Brücke zu einem neuen Lebensabschnitt schlägt. Die Hochzeit kann deshalb als ein Übergangsritus gesehen werden. Der Begriff ist auf den französischen Ethnologen Arnold van Gennep, der dies als „rite des passage" bezeichnete, zurückzuführen. Dieser beschäftigte sich mit den zahlreichen Übergängen zwischen zwei Lebensstadien eines Individuums, wozu auch der Übergang zwischen Ledigsein und Ehe gehört. Die Einbettung in ein soziales Leben erfordert von den Menschen, dass der Wechsel von einer Alters- oder Tätigkeitsstufe in die nächste von speziellen Handlungen und Zeremonien begleitet wird, um Krisen innerhalb der Gemeinschaften zu verhindern. Diese Zeremonien haben bei allen Übergangsriten ein spezielles Ziel: „Das Individuum aus einer genau definierten Situation in eine andere, ebenso genau definierte hinüberzuführen" (vgl. van Gennep, 1986, S.15). Von der Heirat, die einen besonders wichtigen Übergang zu einer neuen sozialen Kategorie darstellt, sind seit jeher viele Mitglieder einer Gemeinschaft betroffen; oft brachte sie einen Dorf- oder Stammeswechsel oder sozialen Aufstieg mit sich. Deshalb wird auch der Verlobungszeit als Übergangszeit eine besondere Bedeutung beigemessen. Die Hochzeitszeremonie an sich besteht hauptsächlich aus Riten, die endgültig an die neue Umgebung angliedern, wie zum Beispiel die zahlreichen Schutz- und Fruchtbarkeitsriten (vgl. van Gennep, 1986, S.115). Übergangsriten sind also Instrumente, mit deren Hilfe der Mensch kreativ und symbolisch mit Veränderungen und darauf bezogenen Unsicherheiten umgehen kann und diese Veränderungen in eine bestehende Ordnung integrieren kann. Da an den ledigen und an den verheirateten Menschen jeweils unterschiedliche gesellschaftliche Erwartungen und Rollenmuster geknüpft sind, symbolisiert die Hochzeit den Übergang zu neuen sozialen und ökonomischen Rechten und Pflichten. Außerdem ist die Hochzeitszeremonie die Voraussetzung für die Rechtmäßigkeit der Ehe. Demzufolge sollen

Braut und Bräutigam durch die verschiedenen Symboliken während des Heiratens auf ihre neue Rolle als Ehepaar vorbereitet werden. Das rituelle Handeln dabei ist also wichtig, da - im Unterschied zu reinem kommunikativen Handeln - Rituale „soziale Arrangements" sind, „in denen im gemeinsamen Handeln und in seiner Interpretation Ordnungen und Hierarchien geschaffen werden" (Wulf, 2008, S.332). Das heißt, dass die Bedeutungen der Symboliken sowohl dem Brautpaar als auch der Gemeinschaft und Gesellschaft Sicherheiten verleihen und deshalb über einen langen Zeitraum Bestand haben. Mit Hilfe der Rituale werden soziale Übergänge zwischen sozialen Situationen und Institutionen gestaltet und Differenzen zwischen Menschen und Situationen bearbeitet (vgl. Wulf, 2008, S.331).

Das Ritual wird von verschiedenen Symboliken getragen, denen jeweils eine bestimmte Bedeutung zugeschrieben wird. Allerdings „entwickelt sich jedes Symbolsystem eigenständig nach bestimmten, ihm innewohnenden Regeln" und es „unterliegt den formenden Einflüssen unterschiedlicher kultureller Umwelten, in denen dann unterschiedliche Sozialstrukturen noch ein weiteres Moment der Variabilität bilden" (Douglas, 1998, S.1). Das bedeutet weiterhin, dass Rituale vom gesellschaftlichen Kontext abhängig sind, weswegen sie in ihrer Bedeutung und Ausführung wandelbar sind. Ein solcher Wandel hat beim Heiratsritual stattgefunden.

Wer heute heiratet, tut dies aus freiem Willen heraus. Die Entscheidung für eine alternative Lebensform, z.B. eine nichtehelichen Lebensgemeinschaft, ist mittlerweile ebenso legitim. Auch ein Kind ist nicht mehr notwendigerweise ein Grund, zu heiraten (vgl. Lenz, 2009, S.17). Zwar werden Ehen manchmal aus ökonomischen Motiven geschlossen; die verbesserten Erwerbschancen und auch der Sozialstaat sind jedoch nur zwei Gründe, warum eine Ehe eher aus emotionalen Gründen und aus dem Wunsch nach einer erfüllten Zweierbeziehung geschlossen wird. Findet eine Hochzeit statt, gibt es oft eine „Traumhochzeit", in der die Hochzeitsgesellschaft die Zeremonie unter Tränen gerührt verfolgt, während das Ehepaar sich da Ja-Wort gibt, was den emotionalen Charakter der Hochzeit verdeutlicht.

Bemerkenswert ist, dass die Liebesheirat, so wie es sie heute gibt, erst in den letzten Jahrzehnten entstanden ist. Die Eheschließung fand vorher hauptsächlich mit dem Ziel der Familiengründung und unter Berücksichtigung ökonomischer und sozialer Faktoren statt. Einerseits fand sich in der bürgerlichen Gesellschaft erstmals eine Einheit aus Liebe, Sexualität und Ehe und die häusliche Gemeinschaft war der zentrale Punkt im Leben der Menschen. Da hier jedoch auch die moderne Aufteilung zwischen den Geschlechtern in das

„Affektive" und das „Kognitiv-Rationale" begann (Burkart, 2008, S.121), war andererseits die Frau vor allem materiell von dem Ehegatten abhängig, weshalb eine Eheschließung oft eher aus funktionellen Gründen stattfand. Die Liebe zwischen den Eheleuten wurde noch bis Mitte des letzten Jahrhunderts eher als zusätzlicher Bonus gesehen und nicht als notwendige Voraussetzung für eine gelingende und erfüllende Beziehung (vgl. Coontz, 2005, S.19). Auch war die Partnerwahl meist keine individuelle und emotionale Entscheidung, sondern eine gänzliche oder teilweise Wahl durch die Herkunftsfamilien. Dabei entschied vor allem der soziale Status über die Wahl des zukünftigen Ehepartners. Die Vernunft war also ein entscheidendes Kriterium für die Ehe, welche eher auf rationalen Entscheidungen basierte. Innerhalb der Ehe kam es zu einer deutlichen Trennung zwischen einer öffentlich-männlichen und einer häuslich-weiblichen Sphäre (Burkhart, 2008, S.131). In der eher von patriarchalischen Strukturen geprägten Familie des Bürgertums war die Frau dem Mann untergeordnet. Die klare Aufgabenverteilung, bei der der Mann die Ernährer- und Beschützerfunktion übernahm, während die Frau für Kindererziehung und Haushalt zuständig war, verhinderte ein gleichrangiges partnerschaftliches Verhältnis zugunsten einer funktionalen Ehe. Werten, wie Verlässlichkeit und eine „Gemeinschaft im Geiste", wurde eine höhere Bedeutung beigemessen als Liebe, Zuneigung und gegenseitige Wertschätzung der eigenen Individualität.

Im Folgenden soll anhand ausgewählter Beispiele die Veränderung der Bedeutung der Symboliken verdeutlicht werden.

Zum einen gibt es den heute noch aktuellen Ritus der Übergabe der Braut an den Bräutigam durch den Brautvater. Während der Bräutigam bereits vor dem Altar auf die Braut wartet, wurde diese von ihrem Vater langsam zum Alter geführt und dort an den zukünftigen Ehemann übergeben, bevor die eigentliche Trauung stattfindet. Dieser Ritus, von patriarchalischen Strukturen geprägt, symbolisierte die Übergabe von der alten Herkunftsfamilie in die neue eigene Familie und damit dem Heiratsritual zugrundeliegende Trennungritus, welcher die Ablösung aus dem alten Zustand aufzeigt und von van Gennep beschrieben wurde (vgl. Herlyn, 2002, S.21). Die Frau, welche zukünftig für Haushalt und Kindererziehung zuständig war, wechselte sozusagen von einer alten Abhängigkeit von den Eltern in die neue Abhängigkeit der Ehe, da sie auch hier ebenso materiell auf den Erwerb des Mannes angewiesen war, denn nun hatte dieser für die materielle Absicherung der Frau zu sorgen (vgl. Hirsch, 2008, S.175). Ebenso war es nun des Mannes Pflicht, für den Rest des

Lebens materiell für die Frau zu sorgen. Auch heute ist dieser Brauch noch üblich und ist vor allem in kirchlichen Trauungen noch zu finden. Jedoch gilt heute die Brautübergabe eher als eine Übergabe von der Fürsorge der Herkunftsfamilie in die Fürsorge der Ehe. Mit dem wachsenden Anspruch an Selbst- und Eigenständigkeit und an ein „eigenes Leben" sind heute die Voraussetzungen für auch ökonomische Selbständigkeit innerhalb der Ehe geschaffen (vgl. Lenz, 2009, S.21). Zudem reicht oft das Einkommen des Mannes nicht mehr aus, um die Familie finanziell zu versorgen, so dass die Frau notwendigerweise einen Teil dazu beitragen muss. Man kann also sagen, dass die Bedeutung des Symbols der Brautübergabe sich von einer materiellen zu einer emotionalen Bedeutung verschoben hat. Außerdem kann nun frei gewählt werden, ob die Braut allein, mit dem Partner oder vom Brautvater geführt das Standesamt oder die Kirche betritt.

Zum anderen war es auch so, dass die Brauteltern für die Kosten der Hochzeit aufkommen mussten. Man kann sagen, dass damit eine Art Ablösesumme an den zukünftigen Ehemann gezahlt wurde, der nun in Zukunft für die Versorgung der Frau aufkommen musste. So übernahm die Herkunftsfamilie der Braut ein letztes Mal die Verantwortung für ihr Wohl. Die Familie hatte nun ausgesorgt, denn nun war der Mann für die Versorgung zuständig. Des Weiteren war man der Auffassung, dass die Braut eine Mitgift in die Ehe einzubringen hatte, da die Eltern des Bräutigams bereits für die Kosten dessen Bildung und Ausbildung aufkommen mussten (vgl. Remberg, 1995, S.87ff.). Die Höhe der Mitgift war abhängig vom Vermögen der Familie. Dadurch, und auch durch die Prunkhaftigkeit der Hochzeitsfeier konnte die Herkunftsfamilie die Höhe des Lebensstandards anzeigen, aus der die Braut stammt. Dies ist heute nicht mehr üblich, meist trägt das zukünftige Ehepaar die Kosten für die Hochzeit selbst und wird durch Geldgeschenke finanziell durch beide Eltern unterstützt. Auch kann man anhand des Begriffs der Mitgift, welcher heute keine sprachliche Relevanz mehr hat, erkennen, dass die als selbstverständlich angesehene Geldgabe der Braueltern sich zugunsten eines Geschenks beider Eltern des Brautpaares verändert hat. Festzuhalten ist, dass durch den Verlust des Einflusses der Herkunftsfamilien beim Zustandekommen des Heiratens ökonomische Aspekte wie Mitgift und Brautpreis entfallen und die Hochzeitsfeier heute in der Regel finanziell vom Brautpaar selbst getragen wird.

Des Weiteren ist der Ring ein Symbol für die Zusammengehörigkeit und den Zusammenhalt der Eheleute. Der Ring wird traditionell vom Brautpaar gegenseitig nach dem Ja-Wort übergeben. Weil nach früherer römischer Überzeugung der Ringfinger direkt zur Vene des

Herzens führt, wurde der Ring als Symbol der ewigen Liebe und Zusammengehörigkeit auserkoren (vgl. Hirsch, 2008, S.21). Er hat keinen Anfang und kein Ende und symbolisiert deshalb auch Unendlichkeit, was als Zeichen andauernder Ehe gilt. Dass aber heute noch meist der Mann zuerst den Ring an den Finger der Frau steckt, ist kein Zufall, denn im römischen Reich und bei den Germanen trug ausschließlich die Frau einen Ring am Finger. Der Grund dafür war, dass die Frau dadurch potenziellen Bewerbern schon von vorn herein zeigte, dass sie nun nicht mehr ledig war. Der Mann konnte so die Frau an sich binden und seinen Besitz demonstrieren. Zwar wurde später durch die Kirche der gemeinsame Ringwechsel eingeführt, der Verlobungsring wurde und wird heute meist auch noch nur von der Frau getragen (vgl. Hirsch, 2008, S.174). Der Ring zeigte deshalb vor dem Hintergrund der Abhängigkeit der Frau von dem Mann nicht nur die Verbundenheit und das Aufgehen in der nun vorhandenen Ehe an, sondern hatte auch Ausschließlichkeitscharakter: die Frau war nun vergeben und das Werben um sie damit vergebene Liebesmüh´. Und da es rollenkonform eine Aufgabe des Mannes war, um die Frau zu werben, war es für diesen nicht notwendig, selbst einen Verlobungsring zu tragen. Im Gegensatz dazu symbolisiert das Anstecken des Eherings heute die ewige Verbundenheit und das Zueinanderstehen beider Eheleute. Auch die Tatsache, dass beide einen Ehering tragen, zeigt die Gleichberechtigung beider an. Die gegenseitige Ringübergabe ist nach van Gennep als ein Angliederungsritus zu sehen, welcher die Integration in eine neue Situation – der Beginn der Ehe – symbolisiert (vgl. Herlyn, 2002, S.21). Hinzuzufügen ist, dass das Austauschen der Ringe noch bis in die 80er Jahre des 20. Jahrhunderts nur in der Kirche üblich war, während es bei standesamtlichen Trauungen auf Freiwilligkeit basierte (vgl. Remberg, 1995, S.145). Dass heute die Ringe meistens bereits im Standesamt ausgetauscht werden, weist auf eine weitere Bedeutungsverschiebung hinsichtlich eines geringeren Einflusses der Kirche bei der Eheschließung hin.

Auch das weiße Brautkleid ist traditionell immer noch sehr gefragt. Trotzdem hat auch hier ein erheblicher Bedeutungswandel stattgefunden. Das weiße Brautkleid als Symbol der Reinheit und Unschuld gibt es erst seit dem 17. Jahrhundert und hat sich vor allem in bürgerlichen und adeligen Schichten durchgesetzt. Als Symbol für die Jungfräulichkeit der Frau, die als eine Art Qualitätsstandart der Braut gesehen wurde, wurde so auf ihre Reinheit verwiesen (vgl. Hirsch, 2008, S.150). Zwar wird heute immer noch viel in weiß geheiratet, jedoch wird dadurch eher Wahrheit und Weisheit symbolisiert. Die Jungfräulichkeit der Braut spielt keine Rolle mehr, meistens wird heute nicht mehr der erste Partner geheiratet und die Zeit zwischen dem Kennenlernen und der Eheschließung hat sich verlängert; oft wird erst nach einer längeren Phase der eheähnlichen Gemeinschaft geheiratet (Lenz, 2008, S. 20). Früher und heute ist vor allem der festliche Charakter der Kleidung von enormer Bedeutung. Die Farbe des Brautkleids wird aber von der Braut selbst ausgewählt. Außer der Farbe entscheidet die Braut selbst noch über Form und Stil des Kleids. Das einzige gesellschaftliche Kriterium ist die Festlichkeit des Kleids, welche den außeralltäglichen Charakter des Rituals unterstreicht.

An neu entstandenen Riten, zu denen das gemeinsame Anschneiden der Hochzeitstorte zählt, ist das neue Erleben einer Partnerschaftlichkeit sichtbar. Das Hochzeitspaar schneidet gemeinschaftlich mit einem Messer die Hochzeitstorte an, von der alle Hochzeitsgäste essen dürfen. Auch beim Baumstammsägen findet sich das partnerschaftliche Element wieder. Das Brautpaar symbolisiert damit die Mühe, die beide auf sich nehmen wollen sowie die Fähigkeit, gemeinsam an Zielen zu arbeiten und sich um die Zukunft zu sorgen. Das Holz symbolisiert dabei auch Wärme, da man es sich damit an kalten Wintertagen warm machen kann (Hirsch, 2008, S.178). Die gemeinsamen Aktionen der Brautleute versinnbildlichen also ein gleichberechtigtes Zusammenwirken des Paares.

Insgesamt ist anhand der Beispiele deutlich zu erkennen, dass sich in den meisten Heiratsritualen unserer Zeit zwar immer noch alten Ursprünge befinden, sich aber nicht nur einzelne Elemente der Riten verändert haben, sondern auch vor allem auch deren Bedeutung. Da die Eheschließung auch weiterhin einen wichtigen neuen Lebensabschnitt markiert, nämlich einen der mit neuen Rollenerwartungen als Ehepartner verbunden ist, ist ein Hochzeitsritual als Übergangsritus sowohl für das Paar als auch für die Gemeinschaft wichtig. Die Symboliken der Fürsorge, Verbundenheit und Reinheit finden sich heute noch im Heiratsritual wieder. Symboliken der Versorgung, Jungfräulichkeit und Unterwürfigkeit der Frau haben dafür an Bedeutung verloren, ebenso wie sich neue Riten der Partnerschaftlichkeit etabliert haben. Obwohl also einige Symbole wie die Brautübergabe oder der Ring heute noch in Hochzeiten wiederfinden, hat sich ihre Botschaft verändert.

Zusammenfassend ist festzuhalten, dass eine Veränderung dahingehend stattgefunden hat, dass der ökonomische Aspekt des Heiratens abgenommen hat, während der emotionale Aspekt zugenommen hat. Dies wird deutlich, indem man sich die oben beschriebenen Riten der Mitgift und Brautübergabe vor Augen hält. Die Liebeshochzeit hat sich erst später entwickelt und wird durch Symbole der Romantik, wie etwa das Heiraten in einem alten Schloss, ausgedrückt. Im Heiratsritual wie auch in anderen Ritualen, zeigt sich also die jeweilige Gesellschaft mit ihren Rollenbildern und Wertvorstellungen. Während das Ritual an sich weiterhin bestehen bleibt, da der Übergangsritus kollektiv wichtig ist, wird den Symbolen eine andere Bedeutung zugeschrieben. Die Übergangsrituale haben demzufolge formellen Charakter, trotzdem sind sie offen für Anpassungen, Variationen und Neuanschaffungen. In dieser Fähigkeit, das Neue zu integrieren, ohne das Alte aufgeben zu müssen, liegt ihre eigentliche Kraft und Beständigkeit (vgl. Michaels, 2008, S.238).

In einer individualisierten modernen Gesellschaft, in der das Heiraten nicht mehr zwingend zur eigenen Lebensbiographie gehört, sondern zu einer Option geworden ist, ist das Heiraten zu einem bewussten Entscheidungsprozess geworden und jedes Brautpaar setzt sich intensiv mit der Gestaltung des eigenen Heiratsrituals auseinander. Bräuche und Riten werden aus ihren herkömmlichen Sinnstrukturen herausgelöst und entsprechend den neuen Bedingungen und Bedürfnissen angepasst (vgl. Remberg, 1995, S. 215). Die Pluralität der Lebensformen findet so auch ihre Entsprechung in der Pluralität der Hochzeitsgestaltung. Die Eigenverantwortung für den Übergangsritus, der mit den eigenen individuellen Wünschen und Werten im Einklang stehen soll, ist gestiegen. Deshalb entscheiden sich manche Paare zunehmend auch unkonventionelle Heiratsrituale, z.B. Mottohochzeiten, bei denen beispielsweise alle Teilnehmer mittelalterlich gekleidet sind.

Einerseits wird dadurch deutlich, dass sich der Bedeutungsgehalt der Symboliken hinsichtlich emotionaler und gefühlsbetonter Deutungsmuster verändert haben, was mit der zunehmenden finanziell besseren Stellung der Frau und einem veränderten Rollenbild zusammenhängt. Das Heiratsritual ist demzufolge, wie auch andere Rituale, vom gesellschaftlichen Kontext abhängig. Die Modifikation von einer Ehe als Notwendigkeit zu einer freiwilligen Eheschließung schlägt sich sichtbar in der Veränderung des Rituals und der einzelnen Symboliken nieder. Auch in Zukunft wird sich dieses Ritual je nach Veränderung gesellschaftlicher Bedeutungszuschreibung verändern. Zum Beispiel wäre es möglich, dass unter dem Gesichtspunkt höherer Scheidungsraten der Ausschließlichkeits- und Ewigkeitscharakter der Ehe abnimmt und sich deshalb beispielsweise ein anderes Symbol als den Ring, welcher Unendlichkeit symbolisiert, etabliert.

Quellen

Burkhart, Günter (2008): Familiensoziologie. UVK Verlag, Konstanz.

Coontz, Stephanie (2005): Marriage, a History : From Obedience to Intimacy or How Love Conquered Marriage. Viking, New York.

Douglas, Mary (1998): Ritual, Tabu und Körpersymbolik : sozialanthropologische Studien in Industriegesellschaft und Stammeskultur. Fischer-Taschenbuch-Verlag, Frankfurt/Main.

Herlyn, Gerrit (2002): Ritual und Übergangsritual in komplexen Gesellschaften. LIT Verlag, Hamburg.

Hirsch, Angelika-Benedicta (2008): Warum die Frau den Hut aufhatte. Kleine Kulturgeschichte des Hochzeitrituals. Vadenhoeck & Ruprecht, Göttingen.

Lenz, Karl (2009): Soziologie der Zweierbeziehungen. VS Verlag für Sozialwissenschaften. 4. Auflage, Wiesbaden.

Michaels, Axel (2008): Die neue Kraft der Rituale. Winter Verlag, Heidelberg.

Remberg, Annette (1995): Wandel des Hochzeitbrauchtums im 20.Jahrhundert. Waxman Verlag GmbH, Münster/New York.

Schmidt, Uwe; Moritz, Marie-Theres (2009): Geschlechterbeziehungen und Familie. In: Familiensoziologie. Transcript Verlag, Bielefeld.

Van Gennep, Arnold (1986): Übergangsriten. Campus Verlag. Frankfurt/Main.

Wulf, Christoph (2008): Rituale. In: Willems, Herbert. Lehr(er)buch der Soziologie. VS Verlag für Sozialwissenschaften. Wiesbaden.

Internetseite des Statistisches Bundesamts:
http://www.destatis.de/jetspeed/portal/cms/Sites/destatis/Internet/DE/Content/Statistiken/Bev oelkerung/EheschliessungenScheidungen/Tabellen/Content50/EheschliessungenScheidungen, templateId=renderPrint.psml